W0241142

vmn
Verlag M. Naumann

Copyright by Verlag Michaela Naumann, vmn, Nidderau, 2003
Druck: Wilhelm & Adam, Heusenstamm

3. Auflage 2004

Bibliografische Information Der Deutschen Bibliothek
Die Deutsche Bibliothek verzeichnet diese Publikation
in der deutschen Nationalbibliografie; detalillierte
bibliografische Daten sind im Internet über
http://dnb.ddb.de abrufbar.
ISBN 3-936622-06-X

Aus rhoihessische Dippe un Panne

Das originelle Kochbuch mit Hermann, dem Winzer

Verlag M. Naumann
Eicher Straße 4
61130 Nidderau

Tel. 0 61 87 / 2 21 22
Fax 0 61 87 / 2 49 02
www.mundartverlag.de

vmn
Verlag M. Naumann

Grußwort von Hermann

So, des is jetzt des Kochbuch mit moine Sprich dezu! In dem Buch sin lauter scheene Gerichde aus Rhoihesse. Sogar ä Rezept vom Johann Lafer is in dem Buch! Die Rezepte sin, bis uff ein eiziges, uff hochdeitsch geschriebe, aber de Rest werd rhoihessisch gebabbelt. Ich sollt mer emol richdisch Müh gebe, dass mer mich aach werklich gut verstehe kann! Ich glaab, des is mer ganz gut gelunge. Un jetzt noch ä Wort zu de Ortschafte! In dem Buch sin viele Dörfscher un Städtscher mit de jeweilige Sehenswürdigkeite drinn, aber mer kann se halt net all uffzähle!

Trotzdem is des Kochbuch sicher ä interessante Reise, um Rhoihesse kennezulerne.

Aber jetzt is erst emol de Sternekoch Johann Lafer mit seinem Vorwort an de Reih, un ich wünsch euch viel Spaß beim Lese un beim Koche!

Vorwort von Johann Lafer

Das hat uns gerade noch gefehlt. Eine Region outet sich als kulinarischer Geheimtip: Rheinhessen, bisher im Schatten seiner Nachbarn, steht plötzlich am Herd und zelebriert eine Köstlichkeit nach der anderen. Bodenständige und raffinierte Gerichte halten sich in diesem originellen Kochbuch die Waage. Vollkommen unausgewogen aber ist das Kochbuch an sich. Es ist äußerst tendenziös. Dafür sorgt die neue rheinhessische Kultfigur Hermann, der Winzer. Dieses herrliche Kochbuch macht einfach nur Spaß, sorgt für gute Laune und vor allem für Lust am Kochen. Überhaupt Hermann. Ich bin gespannt, was diesem Winzer noch so alles einfällt. Seine Rezepte jedenfalls eigenen sich vorzüglich, um nicht nur in »rhoihessischen Dippen un Pannen« zubereitet zu werden. Lassen Sie sich dieses sehr ungewöhnliche Kochbuch einfach auf der Zunge zergehen.

Lauchsuppe

Eifach lecker

Zutaten

(für 4 Personen)

1 l Wasser
2 Stangen Lauch
1 Eigelb
4 EL Mehl
2 EL Sahne
Salz, etwas Pfeffer

Die Lauchstangen in Scheiben schneiden und im Fett dämpfen. Dann wird Mehl darübergestreut und mit Wasser aufgefüllt. Das Ganze eine halbe Stunde kochen lassen, würzen, dann noch ein Eigelb zugeben und zum guten Schluss mit zwei Esslöffeln Sahne verfeinern. *(Zu der gut Supp trinkt mer am beste en milde Weiswoi.)*

Worms

Eine der ältesten Städte Deutschlands.

Sehenswert:

Romanischer Chorturm, Krypta unter der Sakristei der ev. Lambertuskirche (wiederentdeckt 1868), Fachwerkhäuser aus dem 18. Jh, Lutherdenkmal mit 12 überlebensgroßen Standbildern, Siegfriedbrunnen am Markt, Hagenstandbild am Rhein, Nibelungen-Wandteppich, Museum im Andreasstift, jüdischer Friedhof (der älteste in Europa).

Burgunder-Gulasch

Hagens Schmaus

Zutaten

(für 4 Personen)

750 g mageres Gulaschfleisch
40 g weißes Speisefett
250 g Zwiebeln
250 g Zucchini
Salz, schwarzer Pfeffer
½ l Burgunder
250 g Tomaten
1 EL Speisestärke

Fett erhitzen und das Gulasch darin von allen Seiten kräftig braun braten. Die Zwiebeln vierteln und die Zucchini in Scheiben schneiden. Alles mit dem Fleisch zart anbraten, bis die Zwiebeln leicht braun werden. Salz und frisch gemahlenen Pfeffer darüberstreuen, Rotwein zugießen. Das Gericht aufkochen lassen und bei schwacher Hitze im geschlossenen Topf 40 bis 50 Minuten garen lassen. Die Tomaten mit kochendem Wasser übergießen, abziehen, achteln und zum Fleisch geben. Im geschlossenen Topf 10 Minuten garziehen lassen. Speisestärke im Wasser anrühren und die kochende Soße damit binden. Das Ganze mit Salz und Pfeffer abschmecken.

Un weil des so oft gefragt werd, gibt's an der Stell emol was übers Dekantiere:
Des wär, damit de Woi atme könnt - also, frische Luft is aach fer de Woi gesund, do kann er sein Bukett entfalte. Außerdem setze sich in de Woiflasch Trübstoffe ab, die beim Ausschenke uffgewirbelt wern. Des schmeckt dann net, un desdewege werd de Woi vorsichtig in die Karaff gefüllt, um die Stoffe net debeizuhabe! Gerade bei em ältere Woi is des sehr wichtig!
Un es sieht aach toll aus, vor allem, wann mer's so rischdisch festlisch habe will!

Zu dem Gericht gibt's en trockene Rotwoi, un des Ding hier is kaa Woiflasch, sondern was fer zum Dekantiere!

Kartoffel-Gratin

Grumbeere-Ufflauf

Zutaten

(für 4 Personen)

1,5 kg Kartoffeln
100 g Schinkenspeck
1 Stange Lauch
1 EL Öl
150 g Schmelzkäse mit Salami
200 ml süße Sahne
3 Eier
Salz, Pfeffer
Kräuter der Provence

Kartoffeln in Scheiben schneiden und in kochendem Wasser 10 Minuten garen. Lauch in Ringe schneiden, Speck würfeln und in heißem Öl dünsten. Dann unter die Kartoffeln heben. Alles in eine Form schichten, Sahne, Eier, ein Teil Käse (etwa 100 g) und die Kräuter mischen, gut salzen und pfeffern. Die Mischung über die Kartoffeln und 30 Minuten bei 180 Grad backen. Den restlichen Käse darübergeben und noch 20 Minuten backen.

Gefüllte Kohlrabi

Gestopptes Gemies

Zutaten

(für 4 Personen)

2 Kohlrabi
200 g Schinken
200 g Pilze
200 g Gouda
1 Dose geschälte Tomaten
1 Becher Sahne
Muskat
Salz
Pfeffer

Äußere Blätter vom Kohlrabi entfernen. Die Kohlrabi in Salzwasser weichkochen und dann mit einem Löffel aushöhlen. Das Innere der Kohlrabi in Würfel schneiden. Schinken, Tomaten in Würfel schneiden und mit den Pilzen in einer Pfanne erhitzen. Die Kohlrabiwürfel hinzufügen. Dann mit Sahne ablöschen und mit Muskat, Salz und Pfeffer würzen. Die Masse dann in die ausgehöhlten Kohlrabi einfüllen. Im Ofen ca. 25 Minuten bei 170 Grad mit dem geriebenen Käse überbacken.

Zu beide Gerichte trinkt mer en milde Morio-Muskat oder en Portugieser.

Kartoffelsuppe

Wie uff em Acker gekocht

Zutaten

(für 4 Personen)

3-4 kg Kartoffeln
Gemüse quer durch den Garten
3-4 Karotten
1-2 Tomaten
1 Zwiebel
2-3 l Fleischbrühe
Gutes Stück Sellerie, Petersilie
Lauch (auch Charlotten), Salz, Pfeffer

Das Gemüse und die Kartoffeln schälen und waschen. Alles zusammen in einen 5-Liter-Topf geben, Wasser mit der Fleischbrühe darüber, mit Salz und Pfeffer würzen und bei geschlossenem Deckel etwa 30 Minuten kochen, bis die Kartoffeln weich sind. Zum Schluss wird noch alles mit dem Mixstab püriert. *(Des is gut fer die, die zum Kaue zu faul sin.)* Das war schon alles!

Zu der Kartoffelsupp isst mer in Rhoihesse natürlich en scheene frische Quetschekuche. Un der schmeckt am beste dezu, wenn er noch warm is. Wann mer kaan Quetschekuche hat, geht aach ä Stick Brot. Dezu trinke tut mer am beste en trockene Literwoi.

Eich

Alte Fischersiedlung mit den Ortsteilen Sandhof und dem Eicher See.

Sehenswert:

Große, befestigte Anlage des Sandhofs, Heimatmuseum, Altrheinlandschaft (Schilfgebiet), zweigeschossiger Wohnturm auf dem Gelände des ehemaligen Zehnthofs (des Paulusstifts).

Ananasbowle

Des schmeckt immer lecker

Zutaten

(für 4 Personen)

¼ frische Ananas
2 Flaschen Weißwein
½ Flasche Sekt
evtl. aufgekochter Zucker

Die Ananas wird geschält, der Strunk herausgelöst, das Fleisch in sehr dünne Scheiben geschnitten und dann nochmals geteilt. Dann mit einer Flasche Wein übergießen und eine Stunde lang auf Eis ziehen lassen. Danach noch eine Flasche Wein dazugießen und zum Schluss den Sekt dazugeben. Bei Bedarf mit aufgekochtem Zucker nach süßen.

Erdbeerbowle

Immer wann's frische Erdbeere gibt

Zutaten

(für 4 Personen)

½ Pfund Erdbeeren
2 Flaschen Weißwein
1 Flasche Rotwein
1 Flasche Sekt, Zucker

Den Weißwein und den Rotwein in eine Schüssel geben. Dann die gewaschenen Erdbeeren halbieren und dazugeben. Nach Bedarf mit Zucker süßen und dann die Bowle gut kaltstellen. Kurz vor dem Servieren noch den Sekt dazugeben.

Noch ä paar gude Tips fer die Bowle: Am beste ganz aafach zusammestelle, umso besser schmeckt's dann. Nur gude Zutate mit enoimache, frisches Obst nehme un en gude Woi vom Winzer un net irgend ä Brieh! Des Obst soll mer net zerquetsche, dann bleibt die Bowle so klar wie de Woi! Un kaan Schnaps enoi! Des überdeckt de ganze Geschmack. Außerdem kennt mer devon Kopfweh kriege! Es Eis net in die Bowle enoi, sonst schmeckt des Zeug nach Wasser. De Sekt werd immer kurz vorm Uff-tische dezugekippt! Wann mer die ganze Ratschläsch befolgt, dann wern die Bowle en Renner bei jedem Fest. Also: Immer orndlisch große Menge devon aamache!

Osthofen

Größte weinbautreibende Gemeinde des Wonnegaus.

Sehenswert:
Evangelische Bergkirche, alter Rathausturm, Renaissance-Ziehbrunnen, Wingerthäuschen, Höfe aus dem 16. bis 18. Jahrhundert.

Zwiwwelkuche

Zutate fer 4 Persone (bei gude Esser fer 2 Persone)

Hefeteig:	375	g	Mehl
	1	P	Trockenhefe
	¼	l	lauwarmes Wasser
	4	El	Öl
	1	Prise	Salz
Belag:	750	g	Zwiebeln
	250	g	Dörrfleisch
	¼	l	Sahne o. Schmand
	3-4		Eier
			Pfeffer, Salz

Den Hefeteig herstellen und gehen lassen. Dann gleichmäßig auf dem Blech ausrollen. Inzwischen werden das Dörrfleisch gewürfelt und die Zwiebeln in halbe Ringe geschnitten. Dann wird das Dörrfleisch gedünstet, bis es glasig ist *(also bis mer dorschgucke kann)*. Jetzt die Zwiebeln drangeben und mitdünsten, bis diese auch glasig sind. Dann die ganze Masse abkühlen lassen und gleichmäßig auf dem ausgerollten Teig verteilen. Die Sahne, die Eier und die Gewürze verquirlen und auf den Belag schütten. Den Kuchen dann bei 200 bis 225 Grad backen (20 bis 30 Minuten). Nicht so dunkel werden lassen! *(Sonst schmecke die Zwiwwele zu bitter!)*

Bremser (junge Woi)

Es ideale Getränk zum Zwiwwelkuche. Gut fer die Verdauung (haut direkt dorsch), un Vitamine hat des Zeug aach noch!

Dienheim

Großer Weinbauort.

Sehenswert:
Landesmuseum, Grabstein des Silius, spätgotische Wandmalereien (16. Jh.) in der evangelischen Kirche.

Winzertopf

Logisch! Des is Hermanns Leibgericht

Zutaten
(für 4 Personen)

2 kg Schweinefleisch oder
Geschnetzeltes (Schnitzelfleisch)
4 Zwiebeln
1 P. Maggi-Würzmischung Nr. 1
2 P. Chester-Schmelzkäse
3 Stangen Porree (Lauch)
4 Dosen Champignons (je 425 g)
½ Pfund Dörrfleisch (gewürfelt)
3 P. Jägersoße
4 Becher süße Sahne
1 Glas Portugieser, 0,2 l

Fleisch schneiden, mit Würzmischung vermengen und in einen geölten Bräter geben. Dann Käse drauflegen. Den Lauch waschen, kleinschneiden und darauf verteilen.
Dann die Champignons, Zwiebeln und das Dörrfleisch dünsten, erkalten lassen und darübergeben.
Die Jägersoße mit der Sahne verrühren und über den Fleischtopf geben. Dann den Topf für 24 Stunden in den Kühlschrank stellen. Bevor der Topf in den Backofen kommt, ein Glas Wein dazugeben und bei 190 Grad etwa 2 Stunden mit geschlossenem Deckel fertig garen.

Des Rezept is aach emol was fer mehr Persone – es is zwar ä bisje mehr Vorbereitung defür notwendisch, aber des Ergebnis is werklisch absolut super!
Zu dem schmackhafte Winzertopf kann mer Rotwoi oder en Portugieser trinke!

Oppenheim

Ehemals Freie Reichsstadt.

Sehenswert:

St. Katharinenkirche, Weinbergfenster im Westchor der Kirche, hier fanden bedeutende Konzerte statt, unter anderem auch mit Albert Schweitzer, Michaelskapelle, Katharinenmuseum, Frankensteiner Hof, Ruine Landskrone, Ruprechtsturm, Marktplatz, Lutherhaus,Schützenhütte, Deutsches Weinbaumuseum, Krötenbrunnen.

Gebackener Schafkäse

im Sesam-Mantel mit Chutney auf dem Weinblatt

Zutaten

1 Schafkäse
1 Eigelb
1 trockenes Brötchen, gemahlen
Butterschmalz

Für das Chutney

2 EL brauner Zucker
½ Tasse Traubensaft oder Most
1 Spritzer Weinessig
½ Charlotte, gewürfelt
80 g Weintrauben

Zuerst den Schafkäse mit Semmelbröseln, anschließend mit Eigelb und dann mit Sesam panieren.
Dann wird die Charlotte geschält, fein gewürfelt und kurz in der Pfanne glasiert. Nun den braunen Zucker zur Charlotte hinzugeben und schmelzen lassen. Jetzt werden der Traubensaft sowie der Essig zu der glasierten Charlotte gegeben und kurz aufgekocht. Zum Schluss die Trauben dazugeben, im Fond ziehen lassen und mit Salz und etwas Pfeffer abschmecken.
Den Schafkäse nun in der Pfanne beidseitig goldgelb anbraten und auf einem Weinblatt anrichten. Jetzt das fertige, noch warme Trauben-Chutney dazugeben, und schon ist die rheinhessische Spezialität fertig.

Des Gericht is auf ä ganz lusdische Art entstande:

Do is emol de Petra es Sesam aus em Kücheregal so mitte beim Koche in die ganz Brötcheparad gefalle, un siehe da, des hat de Leut dann gut geschmeckt! Genau desdewege hat's die Petra neu in des Programm von ihrem Gutsausschank uffgenomme, un seitdem futtern die Leut des mit voller Begeisterung.
Des Wort Chutney werd übrigens so ausgesproche: Schattnie. Es soll jo kaaner sache, mir Rhoihesse kenne zwar die dollste Gerichde koche, nur ausspreche kenne mer se net!

Wissenswertes über Schafkäse

Schafkäse wird heute überwiegend aus Kuhmilch gewonnen – weil die handwerkliche Herstellung nur wenig Ertrag bringt. Der Gesetzgeber schreibt vor, dass der Mindestanteil von Schafmilch 15 Prozent sein muss!
Die bekanntesten Sorten sind der in Salzlake eingelegte, weichkrümelige **Feta**, der französische **Roquefort** und der würzige **Peccorino**, ein pikanter Hartkäse aus Italien.

Hackfleisch-Spinatkuchen

Passt alles uff ä Backblech

Zutaten

500 g tiefgekühlter Spinat, fein gehackt
2 altbackene Brötchen
2 Karotten
1 Stange Lauch
1-2 Knoblauchzehen
(kann man auch weglassen)
500 g gemischtes Hackfleisch
2 Eier
Rosmarin (frisch oder getrocknet)
Thymian, Oregano
Salz, Pfeffer, Paprika
für die Käsedecke:
200 g Crème fraîche
125 g geriebener Käse
2 Eigelbe

Spinat auftauen und gut abtropfen lassen. Brötchen in Wasser einweichen und ausdrücken. Karotten, Lauch und eventuell Knoblauch putzen, fein raspeln und kurz mit wenig Wasser andünsten und abkühlen lassen. Alles zusammen mit dem Hackfleisch, den Eiern und den Gewürzen (nach Geschmack) gut vermischen. Die Masse auf ein gefettetes Blech verteilen und im vorgeheizten Backofen bei 180 Grad etwa 15 bis 20 Minuten backen.
Inzwischen Crème fraîche, Käse und Eigelb verquirlen und auf den vorgebackenen Kuchen verteilen. Nochmals bei 160 Grad etwa 10 bis 15 Minuten backen, bis der Käse goldgelb wird.

Hackfleisch-Auflauf

Schnell gemacht

Zutaten
(für 4 Personen)

1 Zwiebel, 3 EL Margarine
250 g gemischtes Hackfleisch
Salz, Pfeffer, Paprika, Tomatenketchup
200 g Spagetti, ⅜ l fette Brühe
1 Dose Erbsen

Hackfleisch in der Pfanne anbraten, Spaghetti und Brühe dazugeben, mit Wasser auffüllen und garkochen. Zum Schluss die Erbsen dazu. Das Ganze in eine Auflaufform geben, mit Käse belegen und ca. 10 Minuten im Backofen backen lassen.

Zum Spinatkuche trinkt mer en trockene Rivaner un zum Auflauf en Dornfelder.

Spundekäs

für 4 Personen

2 Päckchen Frischkäse
1 Päckchen Quark
Paprika, edelsüß
1 Zwiebel, kleingeschnitten
Milch
Salatkräuter

Das Ganze gut durchmixen!

Woher kommt des Wort Spundekäs eigentlich?

Früher wurd Spundekäs serviert in Form vom ä spitz zulaufende, gedrehte Fassstopfe, der hier in Rhoihesse ebe Spund hieß! Un am beste schmeckt dazu en gude, trockene Rhoihessewoi!

Wie jeder weiß, zum ä gude Gläsje,
braucht der Mensch ä Spundekäsje.

Dazu ä Brezel oder ä Salzstang,
des macht dem annern die Nas lang.

So was freut de Gaume un stärkt de Mage,
un schon könnt mer de nächste vertrage.

Wissenswertes über Eiswein und Oechsle

Also erst emol eins: Des hat nix mit Langnese zu tue, sondern des werd gelese, wann's richtig kalt is, so bei minus 5 Grad etwa. Un ordentlich Alkohol muss de Woi natürlich auch habe, mindestens 16,9 Prozent! Es Mostgewicht sind dann etwa 120 Grad Oechsle. Des sind also net zwo junge Ochse, wie des ä paar Traubeleser in moim erste Band erzählt habe, sondern des is ganz was anneres! Die Oechslegrade zeige an, wieviel Gramm ein Liter Most schwerer is wie ein Liter Wasser bei 20 Grad Temperatur. Un des schreibt mer net mit »ö«, sondern mit »oe«, nach Christian Ferdinand Oechsle!

Undenheim

Dorf mit staatlichen
bäuerlichen Anwesen.

Sehenswert:
Katholische Pfarrkirche mit spätgotischem Chor
und barockem Schiff innerhalb einer gut erhaltenen
mittelalterlichen Wehrkirchhofmauer.

Bunte Gemüseterrine

Terrine schmecke besser im große Dippe …

Zutaten

(für 4 Personen)

ca 1 kg Gemüse (frische Karotten, Broccoli, Zucchini und tiefgekühlte Erbsen)
400 g Petersilie
Salz, Pfeffer,
Muskatnuss, Zucker
⅛ l sehr kräftige Gemüsebrühe
15 Blatt weiße Gelatine

Gemüse putzen und mit wenig Wasser und Salz nicht zu weich garen und abtropfen lassen. Frischkäse mit der Gemüsebrühe und den Gewürzen unter Rühren leicht erwärmen und herzhaft abschmecken. Gelatine in kaltem Wasser einweichen und in der Mischung auflösen. Petersilie fein hacken und hinzufügen. Pasteten- oder Kastenform mit etwas Wasser und Öl anfeuchten, mit Klarsichtfolie auslegen, das Gemüse bunt hineinschichten, mit der Käse-Brühe-Mischung übergießen, und mehrmals auf dem Tisch aufstoßen, damit keine Luftblasen bleiben.
Die Klarsichtfolie darüber zusammenfalten und über Nacht in den Kühlschrank stellen. Am nächsten Tag stürzen und mit dem Elektromesser in feine Scheiben schneiden.

Kürbiscremesuppe

… un Suppe aach

Zutaten

(für 10 Personen)

2 Zwiebeln
mit etwas Olivenöl andünsten
2 kg Kürbisfleisch
1 l Hühnerbrühe, 300 ml Weißwein
Salz, Pfeffer, Muskatnuss, Curry

Alles zusammen 15 Minuten kochen lassen, dann Kurkuma, Cayennepfeffer, 1 Becher Sahne, etwas Zitronensaft und 1 Becher Schmelzkäse dazugeben. Jetzt alles mit dem Zauberstab pürieren.
(Als Weißwoi fer in die Supp nimmt mer en Morio-Muskat, den mer aach zum Esse dezu trinke kann.)

Zur Gemüseterrine passt en halbtrockene Silvaner un zur Kürbiscremesupp en Morio-Muskat.

Hahnheim

Gehörte einst zu Kloster Eberbach.

Sehenswert:
Das Schloss derer von Dienheim,
Stumpf des fast 1000jährigen Angelbaums (Effe),
Wahlheimer Hof (bedeutende Niederlassung des
Zisterzienserklosters Eberbach).

Rindfleisch mit Meerrettich

Muss net scharf sei. Kann aber!

Zutaten
(für 4 Personen)

750 g Rindfleisch
1 Zwiebel
Salz
Suppengrün
1 Lorbeerblatt
Pfefferkörner

Das Fleisch waschen und mit der ganzen Zwiebel, dem Suppengrün und den Gewürzen in kochendes Wasser geben. Das Stück muss ganz mit Wasser bedeckt sein. Wenn das Wasser kocht, muss das Fleisch 1 Stunde garen, und dann salzen. Dann nochmal zwei Stunden fertiggaren. Jetzt das Rindfleisch in mitteldicke Scheiben schneiden und servieren.

Meerrettichsoße

30 g Butter
30 g Mehl
½ l Milch
2 Eigelb
Saft einer halben Zitrone
Pfeffer
Salz
2 EL Meerrettich

Das Mehl in der Butter anschwitzen und unter ständigem Rühren nach und nach mit heißer Milch aufgießen. Jetzt das Eigelb mit etwas kaltem Wasser verquirlen und mit der Soße vermischen. Dann den Zitronensaft hineinrühren und mit Salz und Pfeffer abschmecken.
Den Meerrettich erst kurz vor dem Servieren unterrühren. *(Wann de Meerrettich mitgekocht werd, dann isser net mehr scharf!)*

Jetzt emol was zum Würze:
Gewürzt werd immer nur in klaane Menge, nachwürze kann mer immer noch. Alle Gewürze sollt mer am ä trockene und net so warme Ort in gut verschlossene Gefäße uffhebe. Sonst isses Aroma weg, un dann braucht mer aach kaa Gewürz mehr. Un mer sollt aach net so viel Gewürz uff amol uffbewahre, weil des Gewürz hält sich net ewig. So zum Beispiel hält sich Paprika nur etwa ä Vierteljahr, dann verliert des Gemies schon an Farb un aach an Aroma. Thymian un Majoran halte sich, wann se getrocknet sin, so än Jahr. De Kümmel hält zwei Jahre. Dill, Nelke, Koriander un Anis behalte fer drei Jahre ihr Aroma. Peffer, Muskat, Ingwer un aach Zimt kann mer sogar fünf Jahre uffbewahre!

Schwabsburg

Ortsteil von Nierstein.

Sehenswert:

Gut erhaltener Schlossturm (Bergfried), Teil einer Ende des 12. Jahrhunderts von Friedrich Barbarossa errichteten Burganlage, als Aussichtsturm besteigbar.

Schnitzelpfanne

Viel von de Wutz

Zutaten

(für 4 Personen)

4 Schweineschnitzel
4 Zwiebeln
¼ Fleischwurst
100 g Schinkenwürfel
1 Dose Pilze
1 Becher süße Sahne
½ Becher saure Sahne
½ Becher Crème fraîche

Zuerst die Schnitzel halbieren und anbraten. Jetzt die Schnitzel aus der Pfanne nehmen, die Zwiebeln in Ringe schneiden und in der selben Pfanne kräftig anbraten. Die Fleischwurst würfeln. Sahne und Crème fraîche mit drei Teelöffel Brühe kurz aufkochen. Das Ganze wird jetzt in eine Auflaufform geschichtet. Die Schnitzel, dann Zwiebeln, Schinken, Fleischwurst, Pilze und dann die Soße darübergießen. Alles zusammen 24 Stunden durchziehen lassen. Im Backofen 1 Stunde bei 150 bis 200 Grad aufwärmen.

Pariser Schnitzel

Vive la France!

Zutaten

(für 4 Personen)

4 Schweineschnitzel
½ Pfund Mett
1 Zwiebel
Petersilie
1 Ei
1 EL Weckmehl
100 g geriebener Käse
1 Becher saure Sahne

Die Schitzel klopfen und gut pfeffern und salzen. Dann auf ein Backblech geben, das mit Alufolie ausgelegt ist. Jetzt die Zwiebel würfeln, die Petersilie hacken und mit dem Mett, dem Ei und dem Weckmehl vermischen. Die ganze Masse auf die Schnitzel geben. Die saure Sahne mit dem Käse verrühren und auf die Schnitzel verteilen. Zum Schluss noch mit Weckmehl bestreuen und bei 180 Grad etwa 1 Stunde im Backofen garen.

Zu dene Schnitzel passt aach emol ä gude Spätles oder en Weißherbst, am beste en halbtrockene Weißwoi.

Nierstein

Größte weinbautreibende Gemeinde am Rhein.

Sehenswert:

Sironabad, 1802 wiederentdeckte Brunnen- und Badehalle, nach römischen Vorbildern rekonstruiert, Bergkirche St. Kilian (kath.), Wartturm, erneuertes Wahrzeichen von Nierstein aus dem 12. Jahrhundert, Martinskirche, Paläontologisches Museum, Schiffahrtsmuseum im alten Rathaus.

Chillisuppe

Vorsicht! Scharf!

Zutaten

(für 4 Personen)

250 g rote Bohnen (Dose)
3 große Zwiebeln
500 g Tomaten (Dose)
3 Paprikaschoten (rote und grüne)
150 g durchwachsener Speck
750 g Hackfleisch
1 Chillischote, Chillipulver
1 Knoblauchzehe
1 TL Paprikapulver, Oregano, Salz

Den Speck würfeln und im Fett gut anbraten. Aus dem Hackfleisch kleine Bällchen formen und im ausgelassenen Speck anbraten. Die Paprikaschoten in Streifen schneiden und mit den gehackten Zwiebeln kurz mitschmoren. Dann etwas Brühe hinzugießen und aufkochen. Mit Brühe auffüllen, Tomaten und Bohnen dazugeben und leicht binden. Anschließend mit den Gewürzen abschmecken und mit Madeira verfeinern.

Nun aach emol en scharfes Gericht. Do werd's sogar moiner Dagmar warm. Des is übrigens an gude Trick! Wann mer ä bisje mehr von soiner Fraa sehe will, dann nimmt mer halt ebe zwei oder aach drei Chillischote in die Supp enoi, un so nach un nach werd's de Fraa jo immer wärmer. Jetzt noch ä bisje Geduld, un schon bald werd de dicke Pullover gege ä Hermann-Shirt getauscht. Genau des is de Sinn von der Sach! Un wann mer zu dem Esse noch en kräftige Rotwoi trinkt, dann geht des mit dem Tausche noch ä bisje schneller. Mir Rhoihesse sin halt net uff de Kobb gefalle, un mir Winzer schon gar net!

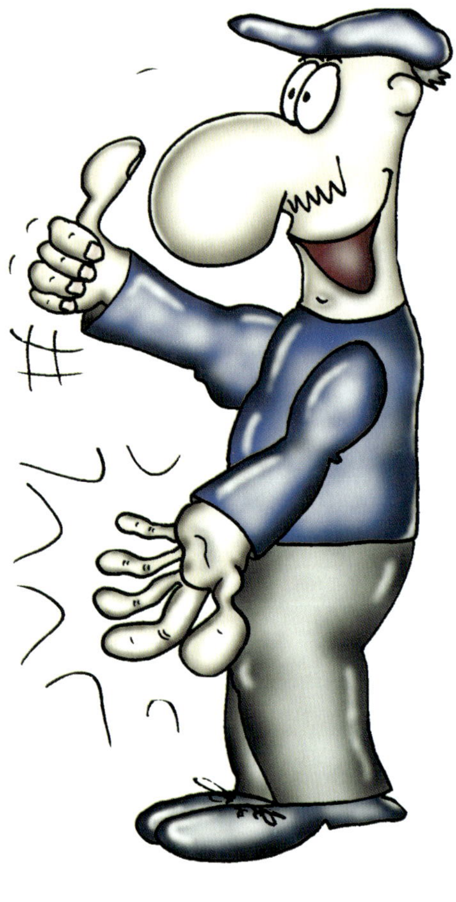

Schaschliktopf

Fer jedes Fescht geeignet

Zutaten
(für 10 Personen)

1 kg Rindergulasch
1 kg Schweinegulasch
1 kg Hackfleisch
1 kg Dörrfleisch
1 kg Fleischwurst
1 Glas Paprika
2 Flaschen Schaschliksoße
4 Zwiebeln, gewürfelt

Das Fleisch in den Topf schichten, dann mit Salz und Pfeffer kräftig würzen. Jetzt kommen Zwiebeln, Dörrfleisch und die Fleischwurst dazu. Zum Schluss noch die Gurken und die Schaschliksoße darangeben. Insgesamt 3 Stunden im Backofen bei 250 Grad im Bräter zugedeckt köcheln. Die letzte Stunde dann ab und zu umrühren. Zu diesem Gericht wird am besten frisches Weißbrot gereicht.

Was fer en Woi trinkt mer eigentlich so zum Esse?
Früher hat mer gesagt, zu dunklem Fleisch trinkt mer en Rotwoi un zu hellem Fleisch ebe en Weißwoi - aber des sieht mer heit lockerer. Zum Fisch, wann er gekocht is, zum Geflügel un aach zu Kalbfleisch un zu helle Soße trinkt mer en trockene oder en halbtrockene Woi. En Silvaner oder aach en Portugieser passt do immer. Zum gebratene Fisch un aach zu hellem, gebratene Fleisch un zum kräftige Käs passen halbtrockene Woine, ä Spätles un aach en Weißherbst. Zum ä Brate un zum Wild passe Weißwoine un Rotwoine bis zur Spätles. Zu milde Käsesorte passe halbtrockene Portugieser, en Kerner oder aach en Müller-Thurgau. Zum herzhafte Käs degege trinkt mer Gewürztraminer, Scheurebe oder en Spätburgunder oder aach en Morio-Muskat. Zu Knabberzeug trinkt mer en foine Woi, ä Spätles oder aach ä Ausles, un wann mer gut will, kann mer aach ä Beereausles dezu trinke. Des is dann aach es ideale Getränk zum gude un gemütliche Gespräch. Also: Druff achte, dass mer immer ä paar gude Woine – nadierlich nur aus Rhoihesse – im Haus hat. Am beste im Keller gelagert, und aans is debei ganz wichdisch: An die Flasche derf kaa Sonn draakomme – des is fer de Woi schädlich. Ganz besonders muss mer uff Woi achtgebe, der in ungefärbte Glasflasche abgefüllt is. Un kaa Temperaturschwankunge derf de Woi habe. Es beste is en gut sortierte Woikeller.

Hackfleischtopf

oder aach Hackdippe

Zutaten

(für 4 Personen)

500 g Hackfleisch (vom Schwein)
1 Dose Ananas, 1 Zwiebel
1 rote Paprika, 1 grüne Paprika
¼ l Brühe, Salz, Öl, Tomatenketchup

Die Zubereitung dieses Gerichtes ist recht einfach. Das Hackfleisch in Öl gut anbraten, Ananas in Stücke, die Zwiebeln und den Paprika in Scheiben schneiden und zu dem Hackfleisch geben. Mit Brühe ablöschen und würzen. Das Ganze dann 15 Minuten bei geringer Hitze garen.

Un jetz wern emol ä paar Begriffe erklärt, dass mer mit de große Köch mitrede kann!

abbrühen überbrühen, schnell mit kochendem Wasser übergießen.

abschäumen Eiweißgerinnsel auf Fleischbrühen, Suppen, Soßen, Gelees, Marmelade etc. abschöpfen.

andünsten Leicht ankochen oder (z.B. bei Zwiebeln) anbräunen.

ausbacken in heißem Fett (etwa 160 Grad) schwimmend garmachen.

binden Suppen oder Soßen, Gemüsegerichte sämiger, d. h. etwas dicker machen.

blanchieren mit sehr heißem Wasser übergießen oder kurz in kochendem Wasser aufwallen lassen.

Bouillon eine einfache Fleischbrühe

dämpfen eine Speise über Wasserdampf garmachen.

dünsten eine Speise im eigenen Saft oder unter Zugabe von Fett oder Flüssigkeit garmachen.

glacieren Gericht mit einem Gelee überziehen, einem Glacé, der die Speisen überglänzt.

Fond Grundbrühe für Suppen und Soßen, Bratensatz; Flüssigkeit, die beim Kochen oder Dünsten zurückbleibt.

gratinieren überkrusten, durch scharfe Oberhitze dem Gericht eine Kruste geben.

Bodenheim

Weinbaugemeinde

Sehenswert:

Rathaus mit Erker und Schnitzereien (mit Wappen von St. Alban; Esel, der Wasser aus einem Brunnen säuft), Gutshäuser, Adelshöfe, Wallfahrtskapelle Maria Oberndorf, Heimatmuseum.

Määnzer Handkäs mit Musik

Hebt die Bettdeck

Zutaten
(für 4 Personen)

3 EL Essig
3 EL Öl
1 Zwiebel
Pfeffer, Fondor

Das Ganze mengt man zusammen. Die Zwiebel in Ringe schneiden, die machen nämlich die Musik, und dann nach Geschmack mit Pfeffer und Fondor würzen. Pro Person rechnet man einen kleinen bis mittleren Handkäse. Dazu schmeckt am besten frisches Brot jeder Art.

Wann mer so richtig viel Musik habe will, dann muss mer de Handkäs ä paar Stunde vor em Serviere eilege. Un wann mer net so viel Musik habe will, gießt mer die Soß erst ganz kurz vor em Esse drüber. Dezu trinkt mer en trockene Rot- oder Weißwoi.
Un hier noch en gude Tipp fer en empfindlichere Mage: Zum Handkäs sollt mer am beste Kümmel dezu esse - un zwar kaan Pulver, sondern de richdische Kümmel. Dann gibt's zwar bei weitem net so viel Musik, aber mer hat's leichter bei de Verdauung.

Mainz

2000 Jahre alte Stadt am Rhein.

Sehenswert:
Dom, dem St. Martin geweiht, Johanniskirche, Stiftskirche St. Stephan mit Fenstern von Marc Chagall im Ostchor, Kurfürstliches Schloss (17./18. Jh.) mit römisch-germanischem Zentralmuseum, Landtag von Rheinland-Pfalz, ehem. großherzogliches Schloss, Gutenbergmuseum, Fastnachtsbrunnen, Schoppenstecherdenkmal, das neue Mainzer Rathaus.

Spanische Pfanne

Rhoihessische Küche is offe fer alles Gude

Zutaten

(für 4 Personen)

4-5 Paprikaschoten
2 Tomaten
1 Fleischwurst
Salz Pfeffer, Öl
1 Knoblauchzehe
1 kleines Glas gefüllte Oliven
Olivenöl

Koblauchzehe in Olivenöl kräftig anbraten. Die Paprika in Streifen schneiden und etwa 10 Minuten andünsten. Jetzt die Fleischwurst in Streifen schneiden und mit dazugeben. Die Tomaten, auch in Streifen, dazugeben. Alles zusammen 20 Minuten dünsten und zum Schluss die in Streifen geschnittenen Oliven dazugeben. Mit Pfeffer und Salz kräftig abschmecken. Dazu passt am besten Brot.

Jetzt wern bestimmt ä ganze Menge Leut frage, warum dann jetzt Spanische Panne, mir sin doch immer noch in Rhoihesse! Des liegt daran, dass mir Rhoihesse ebe nach alle Seite offe sin, un do gibt's halt aach emol was Spanisches. Un außerdem is des Rezept vom ä Spanier, der schon über dreißich Johr in Rhoihesse lebt, also gehert der aach dezu! Allerdings kocht der des Gericht noch ä bisje krasser! Der nimmt net nur aa Knoblauchzeh, sondern so drei bis vier Sticker. Des wer dann absolut original Spanisch. Un dezu trinkt mer en kräftige Rotwoi aus Rhoihesse.

Schweinebraten

Rischdisch deftisch

Zutaten

(für 4 Personen)

1 kg Schweinefleisch
½ TL schwarzer Pfeffer, 1 TL Salz
10 Wacholderbeeren
1 Knoblauchzehe, 1 Lorbeerblatt
½ Zitrone, 1 Zwiebel, 2 Karotten
1 TL Stärkemehl
¼ l Essig
½ l Weißwein, ¼ l Brühe
1 EL Senf, mittelscharf

Das Fleisch mit Salz und Pfeffer rundum einreiben. Die Wacholderbeeren zerdrücken, mit der feingehackten Knoblauchzehe und dem zerkleinerten Lorbeerblatt mischen und damit das Fleisch bestreuen und einreiben. Die Zitrone und die Zwiebel dann in Scheiben schneiden. Die Karotten schälen und kleinschneiden. Dann ein Leinentuch etwas mit dem Essig beträufeln, den Braten darauflegen und mit Zitronenscheiben, Karottenscheiben und den Zwiebeln belegen. Danach das Tuch um den Braten wickeln und 2 bis 3 Stunden ziehen lassen. Das Fleisch wird dann im Backofen bei 200 Grad etwa 1½ Stunden gebacken. Zwischendurch wird immer wieder die Brühe aufgegossen. Wenn der Braten dann weich ist – der Schweinebraten sollte goldbraun und knusprig gebraten sein –, wird eine Soße aus dem Bratenfond, dem Senf, dem Wein und dem Stärkemehl verrührt. Die Soße dann noch kurz aufkochen lassen und mit einem Schuss Sahne verfeinert.

So en scheene Schweinebrode is ä gude Grundlach fer ordentlich was zum Trinke, am beste en milde Weißwoi!

Hähnchen in Weißwoi

Hinkel mit Woi, des is foi

Zutaten

(für 4 Personen)

4 Hähnchenbrüste à 150 g
50 g Butter
1 TL Salz
1 Messerspitze weißer Pfeffer
1 Messerspitze Muskat und Salbei
200 g Champignons (Dose)
½ Tasse herber Weißwein

Die Hähnchenbrüste in der heißen Butter von beiden Seiten bei mäßger Hitze braun braten. Die Gewürze darüberstreuen, aus der Pfanne nehmen und auf einer Platte warmstellen. Die Champignons halbieren und im Bratfett kurz anbraten. Dann mit Weißwein und Sahne aufgießen und etwa 5 Minuten schwach kochen lassen. Zum Schluss die Soße mit der Sahne mischen. Das Fleisch in der Soße kurz erhitzen und servieren.

Hähnchen mit Weintrauben

un des im Wingert futtern …

Zutaten

(für 4 Personen)

2 kleine Hähnchen à 600 g
3 EL Butter oder Magarine
Salz, schwarzer Pfeffer
¼ l Weißwein
300 g Weintrauben
⅛ l süße Sahne
1 EL Speisestärke

Die Hähnchen waschen und in insgesamt 8 Portionen teilen. Im heißen Fett von allen Seiten kräftig anbraten. Mit Salz und Pfeffer würzen und mit Weißwein auffüllen. Das Ganze zugedeckt ca. 30 Minuten schmoren lassen. Die Weintrauben waschen, halbieren und dann hinzufügen. Soße mit der süßen Sahne und der angerührten Speisestärke binden. Danach abschmecken und servieren.

Des mit dene vier Persone is eher knapp bemesse, der Rinngerutschte war ebe kaan Rhoihesse!

Ingelheim

Die Rotweinstadt am Rhein.

Sehenswert:
spätgotisches Denkmal von Karl dem Großen,
barocke Remigiuskirche, Saalkirche, Marktbrunnen,
Karolingisches Bad (Reste), Burgkirche, Museum,
Rathaus, Bismarckturm, barockes Schlösschen Wallbrunn.

Schinkenrollen

Fer zwischedorsch

Zutaten

(für 4 Personen)

200 g gekochter Schinken
1 Ei
Salz
200 g Mehl
65 g Emmentaler Käse
100 g Margarine, 1 Eigelb

Aus Mehl, Fett, Ei und dem Salz einen Knetteig herstellen und kühl stellen. Dann ausrollen und in 8 cm große Quadrate ausradeln. Auf jedes Quadrat gekochten Schinken und einen Käsestreifen legen. Eine Rolle daraus formen und an den Seiten fest andrücken. Dann mit Eigelb bestreichen und auf einem gefetteten Blech bei 225 Grad 15 bis 20 Min. backen.

Schinkenrouladen

Preiswertes Sonntagsgericht

Zutaten

(für 4 Personen)

4 Scheiben gekochter Schinken
4 Gouda-Scheibletten
2 Gewürzgurken
4 EL Mehl
1 Ei
4 EL Paniermehl
Holzspießchen
Bratfett

Die Schinkenscheiben ausbreiten, dann je eine Käsescheibe und eine Gurkenhälfte darauflegen. Danach zu einer Roulade aufrollen und mit Spieß oder auch mit Garn befestigen. Die Rouladen nacheinander in Mehl, verquirltem Ei und Paniermehl wenden. In einer Pfanne etwas Fett erhitzen und darin die Rouladen goldbraun braten, bis der Käse anfängt zu schmelzen. Dazu gibt's Kartoffelpüree und als Gemüsebeilage Erbsen und Karotten, in etwas zerlassener Butter geschwenkt.

Des sin jetzt Rezepte, die werklich ganz aafach zu mache sin, aber gut schmecke. Hierzu kann mer en große Schoppe trinke; des gibt nähmlich orndlich Dorscht!

Bingen

Das Tor zum Mittelrhein.

Sehenswert:
Burg Klopp, Wahrzeichen von Bingen, im Turm der Burg Klopp ein Heimatmuseum, Stefan-George-Gedenkstätte, Drususbrücke, Stiftskirche St. Martin an der Nahe, Marktbrunnen, Draisbrunnen, Brückenkapelle (unterirdisch), ehem. Kapuzinerkloster, Rochuskapelle, Mäuseturm.

Kräuter und Gewürze aus

Schon seit Jahrtausenden greifen Menschen auf die geschmacklichen und heilenden Kräfte der Pflanzenkräuter und Gewürze zurück. Man unterscheidet zwischen Kräutern und Gewürzen. Kräuter sind die frischen oder getrockneten Blätter einer Pflanze. Gewürze sind meistens getrocknete Pflanzenteile wie Wurzeln, Beeren, Knospen, Samenkörner, Blütennarben oder auch die Schalen der Früchte. Kräuter und Gewürze werden auch in der Naturmedizin in Form von Tees, Aufgüssen, Badezusätzen, Salben oder Massageölen genutzt. Zu kaufen gibt es die verschiedensten Kräuter heutzutage fast überall. Ob frisch, getrocknet oder eingelegt – Kräuter sind immer eine gesunde Bereicherung. Also, beim Kochen öfter mal frische Kräuter benutzen. Sehr zu empfehlen sind hierzulande die mittlerweile sehr beliebten Kräuterwanderungen durch Land und Flur, die uns die Augen öffnen für die vielen Wildkräuter, die ausgezeichnet genutzt werden können.

Wischdisch!

Frische Kräuter sollt mer direkt nach em Kaufe an de Stiele zurückschneide un ins Wasser stelle. Auch im Kühlschrank kann mer se uffbewahre. Einfach die Kräuter mit kaltem Wasser abspüle un des Ganze noch feucht in eine Plastiktüte enoi. Vorher noch ä bisje Luft in de Beutel, dann gut zumache – un ab in de Kühlschrank, am beste ins Gemüsefach demit.

Hermanns Kräutergaade

Noch en gude Tip!

Beim Kräuterschneide muss mer drauf achtgebe, dass mer alles uffem Kunststoffbrett schneidet. Un wann mer en Holzbrettche nimmt, soll mer's vorm Schneide ä bisje nass mache, dann wern die Kräutersäfte net vom Holz aufgesoge, un mer hot mehr vom Geschmack!
Wichtig is aach noch, dass es Messer gut scharf sein muss, sonst wern die Kräuter gequetscht, un dann verliern se zuviel Saft, un des is jo net de Sinn von de Sach.

Himmel un Erd

Obbe un unne

Zutaten

(für 4 Personen)

E Zwiwwel, ä bisje Wutzeschmalz, zwaa Pund Grumbeere (mehlisch kochende), 3 bis 5 Äbbel »Bahndamm-Spezial« (die hot de Oba als Fallobst am alde Baumstamm oigesammelt), en Ringel Blutworscht im Darm (je besser die Worscht, desto besser des Ergebnis) un als Gewärz 3 Lorbeerbläddder, Majoran, Salz un Peffer, un wann mer's gut maant, aach noch en Verdellidder Weißwoi.

Die Zubereidung

Die Zwiwwel, die Grumbeere un die Äbbel schäle un nadierlich bei de Äbbel die Wermscher un die Kernhaisjer eraus-mache. Die Zwiwwel in Werfelscher schneide un im Grobbe im Wutze-schmalz odinste, bis se ä bisje Färbsche krien un gut riesche. Dodruff afach die gehälftete un dann in Scheiwe geschnid-dene Grumbeere schidde. Die in Spalde orre Scheiwe geschniddene Äbbelscher driwwerstabele un des Gewärz (Salz, Peffer, Majoran) driwwerstreie. Dann mit der bereitgestellt Flissischkeit (en Dreiverddellidder Wasser oder en Ver-dellidder Woi mit em halwe Lidder Wasser) iwwer die ganz Sach driwwer-gieße. Dodebei verdeild sich des Gewärz aach schee im ganze Dibbe. Die Lor-beerbläddder dezwischestecke un die Blutworscht, in fast fingerdicke Scheiwe geschnidde, owedruff verdeile.

De Deckel fescht uffs Dibbe leje un uffem Herd fer dreisisch Minude langsam koche odder im Backofe mindestens ä Stund langsam gar werrn losse. Des hot aach den Vordeil, dass mer net so druff Obacht gewwe muss.

Des dufdende Esse werd direkt aus em Dibbe mit em große Leffel uff die Deller gescheppt, awwer immer so, dass vun allem ä bisje debei is.

Des Rezept aus Rhoihesse is schon uralt! Un weil des uff rhoihessisch so schee klingt, habe mer des in de origi-nal Sprach abgedruckt.
Des Gericht werd am beste im Grobbe (gusseiserne Bräter) gemacht, mer kann's natürlich aach im normale Topf uffem Herd koche!

Bad-Kreuznach

Kurstadt am Rande Rheinhessens.

Sehenswert:
Brückenhäuser, Kurhaus mit Kurpark, »Klein-Venedig« an der Ellerbachmündung, Kauzenburg, Pauluskirche, Kornmarkt, Alte Mehlwaage am Mühlenteich, Eiermarkt mit Nikolauskirche und der »Schar« (engste Gasse der Stadt), Fausthaus, Oranienpark, Roseninsel, Salinental mit Gradierwerken, Römerhalle, Schlossparkmuseum mit Schlosspark

Fischfilet in Curry-Soße

Endlich aach emol ebbes mit Fisch

Zutaten
(für 4 Personen)

ca. 700 g Fischfilet
2 EL Essig
Saft einer halben Zitrone
40 g Butter
1 kleine Zwiebel
1 mehliger Apfel
½ Lorbeerblatt
½ Glas Weißwein
1 bis 2 EL Curry
⅛ l süße Sahne
Salz

Die gewaschenen Filets mit Zitronensaft beträufeln, 15 bis 20 Minuten säuern und dann leicht salzen. Die fein gehackte Zwiebel in Fett glasig dünsten. Den geschälten, gewürfelten Apfel und das Lorbeerblatt dazugeben. Bei kleiner Hitze mit etwas Weißwein und Wasser dünsten, bis der Apfel zerfällt. Jetzt Curry dazugeben, kurz durchkochen lassen und die Filets hineinlegen. Den Topf zudecken und etwa 15 Minuten bei schwacher Hitze gardünsten. Filets herausnehmen und warm halten. Den Fond mit der Sahne binden und mit Salz und etwas Pfeffer abschmecken.

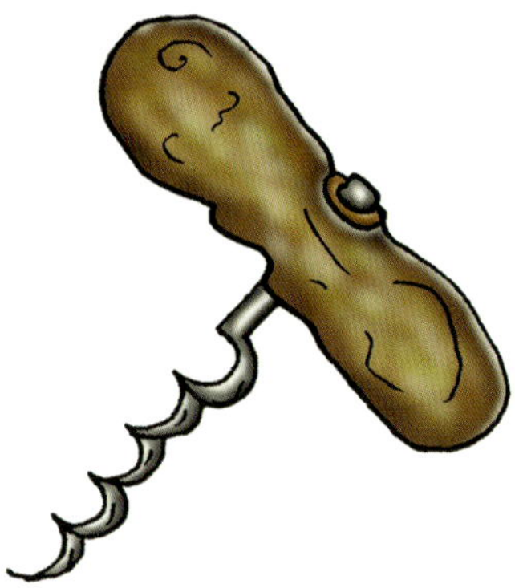

Un jetzt aach emol was zu de Reihenfolge, wie mer de Woi am beste trinke sollt! En zarte Woi vor em würzige un en leichte Woi immer vor em kräftige. En trockene vor em mildsüße un en weiße vor em rote Woi. En kühle Woi kommt vor em warme Woi, un wann wenig Alkohol im Woi is, dann kommt der vor em Woi mit mehr Alkohol! Un beim Esse isses ähnlich! En zartes Esse gibt's vor em würzige Esse, un en leichte Woi serviert mer vor em kräftige Esse. Salzige Gerichte komme vor milde un vor säuerliche Gerichte! Wann mer sich an die Regele hält, kann mer nix verkehrt mache.

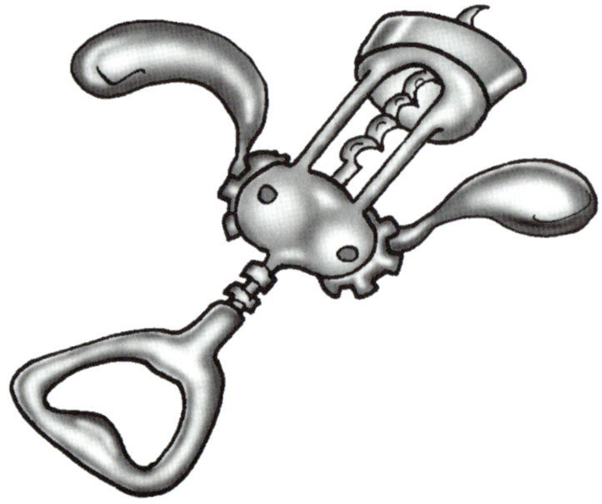

Aspisheim

Weindorf am Hang.

Sehenswert:
spätgotische Wandmalereien im Turmbau der Kirche
Relief an ältester ehemaliger Gemeindeschule.

Gulasch

Noch ä Leibgericht

Zutaten

(für 4 Personen)

600	g	Gulaschfleisch vom Rind oder Schwein oder beides gemischt
400	g	Zwiebeln
3	EL	geräucherte Speckwürfel
		Salz, Paprika, Knoblauchzehe
2	EL	Mehl
¼	l	Rotwein

Zuerst die Speckwürfel in der Pfanne ausbraten, die zerkleinerten Zwiebeln und das Fleisch kurz mitbraten, dann mit Rotwein aufgießen. Das Ganze jetzt mit Paprika, Salz und den Knoblauchzehen würzen und so lange dünsten, bis es schön weich ist! Bevor alles auf den Tisch kommt, muss die Soße noch mit Mehl gebunden werden. Und noch mit etwas guter Butter aufpeppen. *(Des mit der Butter is was fer die ganz Feine – dann schmeckt's noch emol besser.)*

Zu moim Gulasch gibt's Kartoffele un en scheene, kräftige rhoihessische Rotwoi!

Wöllstein

Rheinhessisches Dorf;
hier geht das rheinische Hügelland
über in das Pfälzer Bergland.

Sehenswert:
spätgotischer Taufstein in der ev. Kirche,
Wohnhäuser des 18. Jahrhunderts,
Gestein und Flora des Höllbergs.

Riesling-Gugelhupf

En pikante Kuche

Zutaten

500 g Mehl
150 g Butter
30 g Hefe
200 ml halbtrockener Riesling
4 EL Milch
2 Eier
1 TL Salz
150 g mild geräucherter Schinkenspeck
100 g Emmentaler Käse, gerieben

Die Hefe mit einer Prise Zucker und der Milch anrühren und aufquellen lassen. Dann Mehl, Eier, die gequollene Hefe und das Salz vermischen. Den lauwarmen Wein dazugeben, bis fester Teig entsteht. Die Masse dann gründlich kneten und klopfen, damit er gut durchlüftet ist. Dann zimmerwarme Butter einarbeiten und 45 bis 60 Minuten gehenlassen. Kleingeschnittenen Schinken und Käse einarbeiten. Jetzt wird eine Kastenform gebuttert und mit Kräutern (z.B. Petersilie, Wildkräuter oder Kräuter der Provence) gestaubt. Teig einfüllen und eventuell mit Kräutern bestäuben. Im vorgeheizten Backofen 45 Minuten bei 180 Grad backen.

Am beste schmeckt de Kuche, wann er noch lauwarm is! Zu dem Gugelhupf trinkt mer en Woi – mer kann natürlich aach en frisch gemahlene Kaffee dezu trinke!

Sulzheim

Kleine Landgemeinde
bei Wörrstadt.

Sehenswert:
Barockkirche mit drei wertvollen Altären,
Kruzifix am Ortsausgang (1732),
alte Fachwerkhäuser (18 Jh., renoviert).

Weinschaumcreme

Zum Abschluss vom Esse …

Zutaten

(für 4 Personen)

¼ l Weißwein
2 EL Rum
100 g Zucker
3 Eier
Saft und Schale einer halben Zitrone
4 Blatt Gelatine
100 g Maronen

In einem Topf Weißwein, Zucker, Eigelb, die abgeriebene Zitronenschale und Saft gut verquirlen und einmal kurz aufkochen lassen. Die aufgeweichte Gelatine in wenig kochendem Wasser dazurühren und das Ganze unter Schlagen mit einem Schneebesen so lange rühren, bis eine schaumige Masse entsteht. Jetzt nochmals bis zum Kochen erhitzen und unter Schlagen abkühlen lassen. Dann den steifen Eischnee darunterziehen und in eine mit kaltem Wasser ausgespülte, mit Maronen belegte Schüssel geben.

Apfelsinencreme

… oder die noch hinnedruff

Zutaten

(für 4 Personen)

¼ l Weißwein
175 g Zucker
1 P Vanillezucker
2 Apfelsinen
2 Eier
30 g Stärkemehl
Früchte nach Belieben
Schlagsahne

Wein mit dem Zucker und etwas abgeriebener Zitrone aufkochen lassen. Das mit Eigelb und wenig Wasser verquirlte Stärkemehl dazugeben und unter Rühren kurz aufkochen lassen. Dann vom Herd nehmen, den Zitronensaft daruntermischen und abkühlen lassen. Wenn die Masse zu erstarren beginnt, den steifen Eischnee darunterziehen. In Schüssel oder auch in Glasschälchen füllen, dann mit Früchten und nach Belieben auch mit Schlagsahne garnieren.

Wie mer sieht, kann mer mit Woi aach en gude Nachtisch mache!

Wörrstadt

Wörrstadt mit Ortsteil Rommersheim.

Sehenswert:
Wallgraben, Neunröhrenbrunnen (Wahrzeichen von Wörrstadt), Laurentiuskirche, Naturpark Neuborn, Backes- und Axtebrunnen, alte Mühlen, ehemaliger Posthof.

Albiger Backesgrumbeere

Ä eschte Spezialität

Zutaten

(für 4 Personen)

4 Pfund Kartoffeln
1 Pfund Kamm oder Schweineschulter
1 Pfund geräucherter Schweinebauch
4 Lorbeerblätter und Nelken
2 Pfund Zwiebeln
¾ Liter Weißwein
Salz, Pfeffer, Muskat
½ Liter Milch
½ Liter saure Sahne

Die Kartoffeln schälen, waschen und in flache Scheiben schneiden. Die Hälfte der Kartoffeln kommt dann in einen Tontopf oder in eine Auflaufform. Dann kommen das gesamte Fleisch, die Zwiebeln, die Nelken und die Lorbeerblätter darüber. Jetzt wird mit Salz, Pfeffer und Muskat gewürzt (Muskat etwas weniger). Dann die andere Hälfte der Kartoffeln darangeben. Jetzt wird eine Mischung aus der Milch und dem Wein hergestellt und über die Kartoffeln gegossen. Dann die Sahne zugeben und bei 250 Grad eine Viertelstunde anbacken. Bei 180 bis 200 Grad noch weitere 3 Stunden fertigbacken. *(Im Sommer gab's früher Sauermilch dezu, im Winter hat mer Rote Bete dezu gegesse.)*

Weil früher kaaner so große Backöfe hatt, war des üblich, dass mer die vorgefertischde Backesgrumbeere im Dorfbackhaus zum Backe abgegebe hat, daher aach de Name »Backes«. Abends nach em Einläute vom Feierabend, so gege 6 Uhr, hat mer's dann dort wieder abgeholt, un im ganze Dorf hat's super geroche! Zu dem Gericht passt en halbtrockene Weißwoi oder aach en scheene Portugieser! Backesgrumbeere gibt's nadierlisch net nur in Albig, sondern aach in viele annere Ortschafte. Un in jedem Ort werd des Gericht ä bisje anners gekocht. Des sin mitunner nur klaane Unnerschiede!

Albig

Schönes rheinhessisches Weindorf.

Sehenswert:
romanische Kirche, darin eine der ältesten Glocken Deutschlands (um 1380), Barockes Rathaus, im Erdgeschoss katholische Kapelle, Reilcher (von franz. ruelle), verwinkelte, schmale Fußwege, Reste von Fundamenten der Ruine Schloss Hammerstein

Quetschekuche

Passt zur Kartoffelsuppe

Zutaten

500 g Mehl
1 P. Hefe
75 g Zucker
1 P. Vanillezucker
1 Prise Salz
75 g lauwarme, zerlassene Butter
¼ l lauwarme Milch
3 kg Pflaumen

Das Mehl mit der Trockenhefe mischen, dann mit Zucker, Vanillezucker, Salz, Butter und der Milch gut durchkneten.
Den Teig an einem warmen Ort so lange stehen lassen, bis er doppelt so hoch ist, nochmals gut durchkneten und auf einem gefetteten Backblech ausrollen.
3 kg Pflaumen waschen, entsteinen und mit der Innenseite nach oben auf den Teig legen. Das ganze nochmal an einen warmen Ort stellen. Den Kuchen bei 175 Grad 20 bis 30 Minuten im Ofen backen.

Alzey

Die Volkerstadt, benannt nach
Volker von Alzey aus dem Nibelungenlied.

Sehenswert:
Schloss, mittelalterlichen Stadtbefestigung (Reste),
Baccantenfigur, ehem. Kapuzinerkloster, Römerkastell,
Roßmarktbrunnen, Nikolaikirche, Kleine Kirche,
Wartbergturm, Städtisches Museum

Erdbeerstange

Fer die ganz Familie

Zutaten

Für den Teig

4	Eier, Eischnee extra
240 g	Zucker
200 g	Mehl
4 EL	Wasser

¾ Packung Backpulver
Rehrückenform

Für den Belag
Frische oder gefrorene Erdbeeren
etwas Butter

3	Becher Schlagsahne
1-2 P.	Sahnesteif
1 P.	Tortenguss rot
1 P.	Haribo Gummi-Erdbeeren
1 P.	Schokoplättchen

Zuerst Eigelb, Zucker und das Wasser schaumig rühren. Dann wird das Eiweiß geschlagen. *(Des nennt mer dann Eischnee, un der is gut, wann mer die Schüssel uff de Kopp stellt, un nix mehr rausfällt.)* Jetzt wird der gelbe Zuckerschaum in den Eischnee gekippt und vermengt. Dann wird das Mehl mit dem Backpulver langsam untergerührt, bis keine Klümpchen mehr da sind. Nicht vergessen, die Backform einzufetten. Am besten noch etwas Weckmehl dazunehmen, damit nichts anhängt. Jetzt den Teig in die Backform geben und bei 180 Grad etwa 25 Minuten backen, bis alles goldbraun ist. Am besten einen Schaschlikspieß in den Teig stecken – wenn nichts mehr daran hängenbleibt, aus dem Ofen nehmen.

Wann de Kuche fertig is, gut abkühle lasse. Dann mit em scharfe Messer des Ding in de Mitt längs dorschschneide. Uff de untere Teil kommt ä bisje Butter, damit nix dorschweischt. Jetzt die Erdbeern druffflege, un de rote Torteguss, wann er schon ä bisje fester is, drübergieße. Dann noch ä Schicht geschlagene Sahne darüber. Jetzt werd de obere Teil druffgelegt, und dann werd alles schee mit Sahne zuge schmiert. An de untere Rand wern die Schokoplättcher draageworfe und uff de Kuche die Gummi-Erdbeere gehockt. Am beste de Kuche ä bisje kalt stelle.

Alzey-Weinheim

Ortsteil von Alzey.

Sehenswert:
die Trift, Naturdenkmal, Randgebiet des Mainzer Beckens mit interessanten Meeresablagerungen und Fossilienfunden aus der Zeit des Tertiärs (Haifischzähne, Reste einer Seekuh, etc.)

Nacker Wacken

Eifach Klasse!

Zutaten
(für 4 Personen)

200	g	Kochschinken
200	g	Salami
200	g	geriebener Fonduekäse
200	g	Champignons
200	ml	Sahne
1	EL	Pizzagewürz

Kochschinken und Salami würfeln, Pilze kleinschneiden und alles mit dem Käse mischen. Dann Pizzagewürz darüberstreuen, mit der Sahne vermischen und eine Stunde durchziehen lassen. Jetzt die Masse auf halbe Brötchen verteilen und bei 160 Grad ca. 15 Minuten backen. Schmeckt auch mit Toastbrot.

Der Begriff »Nacker Wacke« kommt übrigens net von Weck (Brötchen), sondern is abgeleitet von Wacken, des is nix anneres wie en Stein! Un weil es in Nack in de Wingert viel Steine gibt, die sogar fleißig gesammelt wern, hat mer des Gericht »Nacker Wacke« kreiert. Wenn die Brötcher fertig sinn, erinnert de Belag nämlich so ä bisje an die verschiedene bunte Steine in de Nacker Wingert. Außerdem habe früher fast achtzig Prozent von de Nacker in de Nacker Steinbrüch gearbeitet! Da entstand dann zum erstemal des Wort »Nacker Wacke«!

Nack

Dorf in der »Rheinhessischen Schweiz«.

Sehenswert:
Reste eines vorgeschichtlichen Ringwalls auf dem Ahrenberg, tote Eisenerz- und Quecksilberstollen an den Hängen des Ahrenbergs und der Teufelsrutsch.

Marillenknödel mit Vanillesauce

Rezept von Johann Lafer

Zutaten

300	g	Kartoffeln, mehlig kochend
30	g	Butter
80	g	Mehl
30	g	Weizengrieß
1		Eigelb
1		Prise Salz
18	St.	Marillen
100	g	Marzipanrohmasse
80	g	Butter
100	g	Brösel
50	g	Zucker
		unbehandelte Schale einer halben Orange
		unbehandelte Schale einer halben Zitrone
1	TL	Vanillezucker
		Puderzucker

Vanillesauce

250	ml	Milch
250	ml	Sahne
2		Vanilleschoten
100	g	Zucker
4		Eigelbe
1		Ei
2	cl	Rum
		frische Minze

Die Kartoffeln kochen, abschütten und im 200 Grad heißen Backofen ca. 10 Minuten ausdünsten lassen. Lauwarm abkühlen lassen und schälen. Anschließend durch ein Sieb passieren und mit den restlichen Zutaten zu einem Teig verkneten und zur Seite stellen.
In der Zwischenzeit die Marillen waschen, mit dem Stiel eines Kochlöffels den Kern entfernen und an dieser Stelle mit Marzipan füllen. Die Marillen mit dem ausgerollten Teig umhüllen und zu Knödeln formen. Diese dann in kochendem Salzwasser ca. 10 Minuten ziehen lassen.
Die Butter in einer Pfanne zerlaufen lassen, Brösel zugeben, leicht rösten, unbehandelte Orangen- und Zitronenschalen hineinreiben, Zucker und Vanillezucker untermischen.

Die Knödel aus dem Wasser nehmen, gut abtropfen lassen, in den Bröseln wälzen und mit Puderzucker bestreuen.

Die Milch mit der Sahne, dem Mark der ausgekratzten Vanilleschoten und den Vanilleschoten aufkochen.
Den Zucker mit den Eigelben und dem Ei über einem Wasserbad cremig aufschlagen. Auf die cremige Eimasse die leicht ausgekühlte Vanillemischung gießen. Die Vanilleschoten herausnehmen. Die Masse verrühren und auf dem Wasserbad weiterschlagen, bis sie dick und cremig wird. Vom Herd nehmen und kaltstellen und mit Rum abschmecken.
Die Knödel auf einem Teller mit der Vanillesauce anrichten und mit frischer Minze ausgarnieren.

Mein lieber Johann! Also doi Gericht, des is werklich Klasse! Du bist halt doch de Meister-koch … ei, ich bin jo fix un ferdisch!

Hermanns Gebrauchsanweisung zum Woigenieße!

Zuerst muss mer ä gud Fläschje Woi aus em Woikeller eraussuche. Un wann mer denkt, mer hät die rischdisch Sort gegriffe, braucht mer en gude Korkezieher. Am leischteste gehe die aus Metall, so zum Drehe wie hier uffem Bild, mer muss sich ja beim Flascheuffmache aach ä bisje schone!

Un dann werd oigeschenkt! Es Glas werd net vollgemacht – mer muss ja erst emol probiere, was mer aus em Keller geholt hat. Un wischdisch is, dass mer es Gläsje net in de Hand hält wie en Knüppel von de Gangschaltung. Des sieht erstens nix aus, un zweitens werd de Woi durch es Halte zu warm.

Jetzt werd es Gläsje ä bisje angehobe un aageguckt, als ob mer Ahnung von Woi hätt! Mir Winzer habe des, un wann mir gucke, wisse mer aach, warum! Nach de Farb vum Woi werd do geguckt, es Gläsje ä bisje geschwenkt, ob de Woi an de Inneseite vom Gläsje erunnerläuft un ob kaa Korksticker mit oigeschenkt worn sin!

Un jetzt erst werd es Gläsje angehobe. Des macht mer schee langsam un gleichmäßig, es soll kaaner denke, dass mer's net erwarte kennt, ebbes zu trinke!

Jetzt werd en orndlische Schluck genomme, mer muss ja aach was schmecke! Des is de Moment, wo Ahnungslose meistens aafange zu lache, weil se die Geräusche, die beim Probiere entstehe, noch net gehört habe. Um de Woi so rischdisch schmecke un aach beurteile zu könne, muss mer'n nämlich im Mund mit de Luft vemische. Da wern die Lippe leicht geöffnet un Luft angesoge, ohne debei de Woi erauslaufe zu lasse! Des is gar net so aafach un hört sich aach ä bisje komisch an, aber was en echte Woikenner is, dem is so was egal!

Nachdem mer de Woi probiert hat, setzt mer es Gläsje ab un greift sich die Flasch Woi, aus der des gude Tröpfche gekomme is. Un jetzt komme die fachmännische Aussage. Da werd übers Etikett erzählt, über Farb un Form von de Woiflasch, über die Lage, de Jahrgang un über die Sort. Aber die Haupsach is nadierlisch, dass de Woi gut geschmeckt hat.

Gliehwoi

Der wärmt dorsch!

Für 8 bis 12 Personen (je nach »Dorscht«)

Zutaten

4 l Rotwein
0,5 kg Zucker
4 Stange Zimt
4 Sternanis
10 Nelken
¼ Liter Zitronensaft
½ Liter Orangensaft
1 Schuss Rum

Der Wein und alle Zutaten in einen großen Topf geben. Dann wird das Ganze langsam erhitzt, aber nicht aufkochen lassen! *(Sonst is de Alkohol aus em Woi, un dann könnt mer aach gleich Wasser trinke.)* Wenn das Getränk dann serviert wird, kann man noch mit Eischnee oder auch Schlagsahne und etwas Zimt dekorieren. *(Des macht so richtig Eidruck, wann de Besuch aus Frankfurt oder von sonstwoher nach Rhoihesse kommt.)*

Hermanns Maibowle

Net nur im Friehjahr

Zutaten

(für 4 Personen)

1 Handvoll Waldmeister ohne Blüten, am besten frisch gepflückt
2 Flaschen Weißwein
4 bis 5 EL Zucker

Den Waldmeister, wenn er noch nicht geblüht hat, mit kurzen Stielen pflücken. Dann den Waldmeister als Bündel zusammenbinden und in die Bowle hineinhängen, die Stiele aber nicht. Einzelne Blättchen vom Waldmeister sollten dabei möglichst nicht im Wein schwimmen. (Es beste Aroma hat de Waldmeister übrigens erst ein Tag nach em Pflücke!)

Zitronenbowle

Sauer macht lusdisch

Zutaten

(für 4 Personen)

2 lange Zitronenschalenspiralen
1,5 l gekühlter Weißwein
2 bis 3 Zitronen
4 bis 5 EL Zucker
¾ l gekühlter Sekt
dünne Zitronenscheiben

Die Zitronenschalenspiralen mit einem halben Liter Weißwein in ein Bowle-Gefäß geben und zugedeckt etwa eine halbe Stunde ziehen lassen. Dann den Saft aus den Zitronen, den Zucker und den restlichen Weißwein dazugeben und alles verrühren, bis der Zucker aufgelöst ist. Mit dem Sekt auffüllen und die Zitronenscheiben dazugeben.

So ä Bowle schmeckt jo immer lecker, aber Vorsicht, des kann orndlich in de Kopp gehe! Un wer doch ä bisje zu viel von der Bowle getrunke hat, fer den gibt's jetzt en richtiges Katerfrühstück!

Der berühmte Kater

Hermanns vier Grundregeln dagegen

1. Bevor die ganz Trinkerei losgeht, sollt mer unbedingt was Fettisches esse. Des bleibt dann länger im Mage un kann so de Alkohol besser abfange.

2. Zwische de Getränke immer en Schluck Selterswasser oder aach Leitungswasser oder so ä Appelsaftschorle trinke.

3. Kaa Likörscher un aach kaa Schäpsjer un so was zwischedorsch trinke, de Alkohohl wirkt in warme, zuckerhaltige un aach in kohlensäurehaltige Getränke noch schneller!

4. Wer die Punkte 1 bis 3 net beherzischt hot, der kann uff die nächste Seit gucke.

Katerfrühstück

Au, mein Kopp dut weh!

Zutaten

frisches Obst
Vollkornprodukte
Rührei
eingelegte Heringe
Gurke

Wichtig zu einem guten Katerfrühstück ist unbedingt sehr viel frisches Obst. Vollkornprodukte sind nach einer durchzechten, alkoholreichen Nacht recht gut bekömmlich. Rührei, am besten nur leicht gesalzen, und die berühmten eingelegten Heringe sind Pflicht. Außerdem ist es noch wichtig, sehr viel Wasser zu trinken.

Tomatencocktail

Wenn alles annere net hilft

Zutaten

10 cl Tomatensaft
1 EL Worcestersoße
1 EL Zitronensaft
1 Prise Salz
Weißer Pfeffer
Tabascosoße
Selleriesalz

Den Tomatensaft in einen Mixbecher geben und die Worcestersauce hinzufügen. Dann den Zitronensaft zugeben und noch eine Prise Salz. Mit weißem Pfeffer würzen und einige Tropfen Tabascosoße daran. Jetzt noch mit Selleriesalz würzen, 2 bis 3 Eiswürfel hinzufügen und gut umrühren. In ein Becher- oder Cocktailglas gießen.

Un hier aach noch ä paar allgemeine Tips: Obwohl ich jo gern en gude Rotwoi trink, is des genau des, was mer net so viel trinke sollt – aber was soll's, dann trink ich halt ebe mehr Weißwoi! Brandy, Cognac und Whisky sin aach gefährlich fer en dolle Kopp am annere Tag! Wodka degege kennt mer wieder trinke. Un zwischedorsch wern orndlich Chips, Erdnüsse un aach Salzstange gefuttert, des führt em Körper dann Mineralie zu, die mer dorsch de Alkohohl verliert. Un Alkohol entwässert, also muss mer de Flüssigkeitsverlust wieder ausgleiche. Des macht mer am allerbeste, wann mer grad wieder von vorn aafängt. So hält mer's beim Fest garantiert am längste aus!

So redde mer halt hier

Äbbel	Äpfel
Bremser	neuer Wein
Brotworscht	Bratwurst
Brode	Braten
Brotzele	Brutzeln
Dippsche	Topf
Dorscht	Durst
Eierpisch	Löwenzahn
Gequellte	Pellkartoffeln
Geleriewe	Karotten
Gemies	Gemüse
Grumbeere	Kartoffeln
Gutzje	Bonbon
Hawwe	Topf
Hinkel	Huhn
Kappes	Kraut
Kerb	Kirchweih
Kersche	Kirschen
Kichelcher	Küchlein
Klees	Klöße
Krüschtscher	geröstete Kartoffeln
Kummere	Gurken
Kumpche	Kaffeetasse
Lewwerworscht	Leberwurst
Latwerg	Pflaumenmus
metzele	schlachten
Merwesjer	Kaffeestückchen
Muckefuck	Malzkaffee
Nackische	Bratwurstfüllsel ohne Haut
Pannekuche	Pfannkuchen
Quetschekuche	Pflaumenkuchen
Remisch Kehl	Mangold
Rotruwwele	Rote Beete
Ruwwele	Rüben
Schipp	Schaufel
Schnuss	Mund
Schmeer	Butterbrot mit Gelee
Stänner	Holzfass oder Steinguttopf
Stännerbohnen	saure Bohnen
Stännerfleisch	gepökeltes Fleisch
Weck	Brötchen
Weljerholz	Nudelholz
Wingert	Weinberg
Woi	Wein
Worscht	Wurst
Zwiwwele	Zwiebeln

Rhoihessische Mengeangabe

Also, des mit dene Mengeangabe is emol ganz unnerschiedlich zu betrachte! So zum Beispiel ä Messerspitzje Salz; was sollen des heiße? Ä Messerspitz is ebe nur ä bisje un kaa Handvoll! Des is doch ganz simpel. Oder ä Handvoll Grumbeere! Des sin bei moine Händ so drei bis vier große Grumbeere – wann moi Dagmar ä Handvoll Grumbeere in die Händ nimmt, dann sin's halt nur zwei bis drei klaane Grumbeere. Un noch besser is, wann's dann heißt: etwas Pfeffer! Ich ess gern ä bisje schärfer, also werd mit de Peffermühl so drei- bis viermal gedreht, un dann schmeckt's aach nach was. Wer's net gern so scharf isst, dreht halt ebe nur zweimal! Mit annere Worte, des mit dene Mengeangabe is alles reine Gefühlssach, werd aber bestimmt lusdisch, wie mer hier an de Zeichnung gut sehe kann!

Zwiwwelsirup

Zum Schluss noch ebbes fer die Gesundheit

Zutaten

1 Zwiebel
Kandiszucker
Wasser

Die Zubereitung von Zwiebelsirup ist wirklich ganz einfach!
Die Zwiebel in vier Stücke schneiden und im Topf mit etwa einer Handvoll Kandiszucker und einem Achtelliter Wasser dämpfen lassen.
Wenn alles fertig ist, muss der Sirup in einer dunklen Flasche aufbewahrt werden. Dann alle 2 bis 3 Stunden immer 1 Esslöffel einnehmen und auf der Zunge langsam zergehen lasse!

Erst emol unterscheide mer zwischen de Winterzwiwwel un de Sommerzwiwwel, wobei die Winterzwiwwel gut im Freie überwintern kann, un im Geschmack is die aach milder. Esse kann mer se roh, gekocht, gedünstet, gegrillt, un fer die, die net so gern Zwiwwele esse, gibt's sogar Zwiwwelpulver, das mer wenigstens de gude Geschmack hat. Als feines Würzmittel sin die Zwiwwele net wegzudenke vom Brate, von Suppe, Soße, Pilze, Gemies, un natürlich als Beilach uffem Rumpsteak. Un gesund is die Zwiwwel aach noch. Die fördern die Verdauung, des kann mer dann sogar höre! Vorbeugend gegen alle Erkältungskrankheite trinkt mer dann Zwiwweltee oder macht sich en Sirup! Bei Prellunge, un wann mer von Insekte gestoche werd, sollt mer die Stelle mit rohe Zwiwwele eireibe. Also wie mer sieht: Die Zwiwwele sin vielseitig zu verwende!

Hier find' mer die Rezepte

Hermann, der Winzer

Band 1: Lustische Geschichde aus Rhoihesse

»Des is moin Wingert«, da ist Hermann, der Winzer, schon genau. Er hält seinen Wingert für den schönsten Ort der Welt. Fröhlich, schlau und liebenswert simeliert er dabei über das Land und seine *Rhoihesse* und genießt dabei seinen feinen Wein.

48 Seiten von FRANKUDO, 12,00 €, ISBN 3-936622-00-0

Band 2: Was is, geht's net?

Begleiten Sie Hermann auf seinen witzigen Abenteuern; von Paris bis Rüdesheim, vom Besuch in der Drosselgasse und des Niederwalddenkmals, von Heidelberg bis in die Eifel, von Worms bis Mainz und dann in die unterirdischen Gänge von Oppenheim.

48 Seiten von FRANKUDO, 12,00 €, ISBN 3-936622-18-3

Band 3: Babbel net, trink!

Eine der größten Entdeckungen dieses Jahrhunderts machen Hermann, der Winzer, und sein Freund Ottfried in Mainz. Im neuen Band geht's nicht nur um Fußball, sondern auch auf den Spuren der Römer quer durch die rheinhessische Region.

48 Seiten von FRANKUDO, 12,00 €, ISBN 3-936622-51-5

Das rhoihessische Schimpfwörterbuch

Lauter Wörter zum Schenne von FRANKUDO

Die besten rhoihessischen Schimpfwörter und jede Menge unnachahmlicher drolliger Redewendungen sind in dieser äußerst humorvollen ›Schimpfologie‹ enthalten. Von Aas bis Zwoggel sind über 500 beese Wörter zum Schenne in diesem Buch zusammengetragen. Nach dieser Lektüre können Sie ganz sicher besser mosern, schenne oder motze.

80 Seiten, 12,00 €, ISBN 3-936622-31-0

De Rhoihessische Max un Moritz

E Lausbuwegschischd in siwwe Schdreische no'm Wilhelm Busch, iwwersedsd vum H. KEIL, 40 Seiten, geb., mit allen Abb., 9,00 €, ISBN 3-933575-78-8

De Rhoihessische Schdruwwelpeder

Dolle Geschischdscher un lusdische Bilder vum HARTMUT KEIL

32 Seiten, geb., mit allen farbigen Abb., 10,00 €, ISBN 3-933575-71-0

Wo kann's sein?

Rheinhessen in 60 Rätseln

Eine äußerst vergnügliche Reise durch Rheinhessen in Rätselform von J. HEINEL.

88 Seiten, geb., mit Abb. 9,00 €, ISBN 3-936622-36-1

Weitere Bücher finden Sie in unserem Verlagsprogramm, das wir gerne kostenlos zusenden.

vmn

Verlag M. Naumann

Eicher Straße 4 61130 Nidderau

Telefon 06187 22122 Telefax 06187 24902

eMail: info@mundartverlag.de

Im Internet finden Sie uns unter: http://www.mundartverlag.de